AF462535

SUITE
DES VRAIS PRINCIPES
DE
LA MUSIQUE
continuez
Par leçons en gradation,
A une, deux et trois voix, pour se former l'oreille à l'armonie
SUIVIES,
D'une Explication pour apprendre à bien pro=
=noncer les paroles dans la délicatesse du gout.

Composé par Monsieur DE-LA-CHAPELLE.

LIVRE TROISIEME, 1739.

Le prix est de huit livres broché.

A PARIS.

CHEZ
Mademoiselle la Veuve BOIVIN, rue S.t Honoré à la reg.le d'or.
Le Sieur LE CLERC, M.d rue du Roule à la Croix d'Or.
Le Sieur DUVAL, rue S.t Honoré près l'Opera.
Le Sieur DE BOUTRE, rue aux Ours à l'Image S.te Geneviève.
Mad.elle ROUSSEL, rue Daup.ne près la rue de la Comedie,

L'Auteur tient Classe chez luy les Mardis, Jeudis et Samedis, rue.

AVEC APROBATION ET PRIVILEGE DU ROY.

REFLECTIONS SUR LA MUSIQUE

Je trouve a propos de parler du chant en general, et même de donner des preceptes, pour le mettre en usage, autant que le peut permettre un art, qui semble consister plûtot dans la pratique, que dans les regles, que l'on en pourroit donner;

Il y a plusieurs endroits dans le fin du chant, dont le bon goût est la seule règle, et dont la maniere de l'executer s'apprend plutôt par la pratique que par toute la plus grande théorie et tous les raisonnements les plus étudiés; On peut sçavoir fort bien comme il faut chanter par la connoissance de tout ce qui peut plaire à l'oreille, sans pouvoir mettre cette connoissance en pratique par le défaut de la voix et de la disposition, qui sont des avantages, que donne la nature et qui ne s'acquerent point, mais seulement se perfectionnent par le travail; la maniere de bien chanter consiste à bien prendre les tons dans leur justesse, a bien soutenir sa voix, a bien faire les Cadences et tremblements, ne faire des agréments qu'a propos, et comme le chant ne se pratique gueres sans paroles, à les bien prononcer, à les bien exprimer ou passionner a propos, et sur tout a bien observer la quantité des syllabes longues et breves;

L'On peut sçavoir bien chanter sans être obligé de sçavoir la musique a un degré de chanter à la premiere vüe, ou au premier coup d'Œil toutes sortes de pieces de musique, il est certain que celuy, qui aura étudié un air qu'il chantera dans toutes les circonstances de la methode, sera plus habile que celuy, qui d'abort l'executera sans y observer toutes les règles du chant, dont il n'a pas une si parfaites connoissance que l'autre; le chant ayant pour but de contenter l'oreille, et par consequent celuy qui le fait avec plus de soin et de régularité doit être réputé celuy qui chante le mieux, l'auditeur ne s'informera pas si l'on a longtems étudié pourvû que d'ailleurs il soit satisf.^t

Le chant est parvenu a un si haut dégré qu'on ne peut esperer d'y atteindre qu'a:pres un long travail, on étoit autresfois beaucoup moins susceptible de cette délicatesse d'aujourd'huy et à la verité on étoit dans l'erreur d'autant que la prononciation étoit pour ainsi dire comptée pour rien, il n'étoit question que de plus ou de moins de traits, chacun avoit sa methode, les uns d'une façon, les autres d'une autre, et tout cela passoit pour bon, ou du moins pour supportable; il n'en est plus de même a present, il n'y a qu'une seule méthode qui est la bonne et qui consiste dans la prononciation et le grand goût du chant; Pour parvenir à chanter dans cette grande délicatesse qui est aujourd'huy si recherchée, trois choses sont nécessaires, sçavoir, la voix, la disposition et l'oreille ou l'intelligence, de sorte que l'on peut avoir de la voix sans bien chanter, et même sans pouvoir jamais y parvenir, faute de disposition ou d'intelligence; la voix peut s'acquerir par le grand exercice, lorsqu'elle s'est pour ainsi dire Eclipsée, par müance ou par maladie; on peut même par l'exercice corriger le défaut d'une voix, par exemple, si elle est grossiére, la rendre délicate, si elle est fausse, la rendre juste, et l'adoucir si elle est rude; mais de rien on ne peut rien faire: il faut toujours en avoir bonne ou mauvaise, avant de songer à la cultiver; il est encore essentiel d'avoir un bon Maître, qui ait par luy même la voix juste, qui sçache la gouverner a propos selon le temperament de son disciple, qu'il soit en état de connoitre le caractére et les humeurs differentes de l'un et de l'autre sexe, c'est a dire être doux quand il le faut et severe dans d'autres occasions, ne laisser contracter à ses écoliers aucune mauvaise=

habitude; soit de gesticulations , grimaces ou contorsions ridicules, défauts assez ordinaires des personnes qui chantent, et même de quelques uns de nous autres Musiciens; tant il est vrai que dans un bon Maître on doit trouver plusieurs qualités qui semblent n'être pas de la dépendance de la musique et qui cependant faute de les avoir ne sçauroient faire un bon maître; Ce qui me fait le plus de peine, et ce que je ne puis presque dire sans gémir, c'est qu'on a le déplaisir de voir aujourdhuy tant de jalousie parmi nous autres maîtres; les uns si préoccupés de leur capacité qu'ils ne font chanter a leurs disciples que les ouvrages de leur Composition, méprisent les productions des autres ou du moins font semblant de les mépriser. d'autres, qui ne composent point faute de génie pour le beau chant, d'autres faute d'en sçavoir les regles, d'autres qui sont en posession de bien faire avec l'approbation générale de tout le monde, sans cependant être en état d'éxecuter par eux mêmes dans toutes les circonstances de la méthode, d'autres enfin, qui ne composent point, mais qui par la grande connoissance qu'ils ont de la maniere de chanter sçavent orner l'ouvrage d'autruy; il me seroit trop long de rapporter icy les differentes qualités des uns et des autres, je me contente de dire que les personnes capables d'en juger, trouvent le nombre des bons maîtres trés petit; rien n'est si commun dans le monde que d'entendre dire, un tel montre a tel prix, il faut le prendre, parce qu'il montre a trés bon marché, on ne reflechit pas si ce maître, qui donne son temps a si vil prix, est en état de mériter un prix plus considerable: car enfin le prix des leçons ne doit être borné que par le mérite: c'est pourquoy il y a des maîtres a tout prix, on ne les distingue les uns des autres que par la science et le mérite et non par l'apparence, ni par le prix des leçons; il est sensé que quand on a fait choix d'un bon maître, en qui on a Confiance, on ne doit point faire de difficulté de luy donner un prix raisonnable, sur tout quand on est en état de le pouvoir faire sans s'incommoder, comme un maître de son côté doit entrer dans les intérêts et avoir égarad, en moderant son prix, aux personnes qui ayant d'ailleurs bonne volonté d'apprendre, et quelque disposition a réussir, faute d'un certain moyen ne sçauroient luy payer un gros prix sans s'incommoder; le devoir d'humanité nous oblige d'avoir pour eux les mêmes attentions et d'en faire nôtre devoir avec autant d'attache que si nous en étions bien récompensés; un bon maître dans ces sortes d'occasions ne perd pas sa réputation, aucontraire il n'en est que plus honoré et estimé, et l'écolier avec qui on agit de la sorte doit a son tour être entierement reconnoissant des bontés que le maître veut bien avoir pour luy, le prix qu'il luy donne n'étant pas en paralelle avec son mérite; quand on veut prendre un maître, soit pour nos amis, parens, ou mêmes nos enfans; Il faut s'addresser a gens connoisseurs et qui ont fait du progrés dans la musique et les prier de vous donner un maître de leurs mains; il est certain que ces personnes ne vous tromperont pas, et vous pourrez hardiment vous en rapporter a eux, sur le choix du maître qu'ils vous donneront; ainsi donc le diciple aura soin de suivre pas a pas les principes nécessaires que le maître luy aura preparé pour chaque leçons; ce n'est pas le temps qui règle les bonnes leçons, mais le soin que l'on prend de les bien faire: cela dépend de la capacité du maître et de sa complaisance; a l'égard de l'écolier, rien ne rebute plus un maître que vouloir exiger de luy plus de tems qu'il n'en a destiné pour chaque leçon; de sorte que les momens que vous croyez exiger de luy pour votre plus grand avancement, vous sont plus nuisible qu'utiles pour l'ordinaire; c'est un abus de louer un maître par la seule raison qu'il donne des leçons fort amples, joint a ce qu'il est libéral de donner un air nouveau a chaque leçon; cette multitude d'airs ne peut être chantée que grossierement, au lieu que pour en sçavoir le fin, il faut avoir un soin et une attache particuliere pour y parvenir. Il est bon qu'un maître sçache connoître le fort et le foible des voix et la disposition de ceux qui apprennent, afin de ne rien leur donner a executer, qui ne soit de leur portée; c'est un des plus grands secrets de l'art de montrer a chanter; mais qui n'est gueres du resort de ceux qui aprennent, qui veulent absolument qu'on leur donne du plus fin, croyants être capables de l'executer, et s'imaginent ne pas bien sçavoir un air, s'ils ne le sçavent de point en point comme ils l'ont entendu chanter par d'autres, sans considerer si ces autres l'executent bien ou mal; c'est au Maître a faire remarquer les défauts de l'execution du Chant, des prononciations et ainsi du reste, en les contrefaisant luy même, afin que cela fasse plus d'impression sur ceux qui ne connoissent le bon que par son contraire; de sorte qu'il faut affecter de mal faire comme eux et en même tems leur montrer la maniere de bien faire; comme on trouve dans le commerce de la Musique du bon et du mauvais c'est a dire qu'il y a des piéces de musique beaucoup plus heureusement achevées les unes que les autres, c'est pourquoy il est bon quand un Ecolier est avancé de luy en faire voir la difference, afin qu'il sache par luy même en faire le discernement, et pour l'habituer dans le grand goût ne luy faire chanter que des piéces les mieux choisies non d'un Auteur seulement, mais de tous ceux qui font du beau et du bon; cependant il est difficile a certains particuliers de pouvoir avoir ces sortes de Musique, attendu qu'un maître n'est pas dans l'obligation de fournir a son Ecolier toutes les piéces de musique dont il a besoin, a moins que l'écolier ne paye la dépense, que le maître aura faite pour luy fournir; je sens parfaitement que ceux qui sont bornés a ne pouvoir payer que les leçons qu'ils prenent se trouvent fort embarrassés d'autant que leur moyen ne leur permet pas, et que par consequent ils ne sont pas en état d'en faire la dépense sans s'incommoder.

Dans cette idée, mon but comme je l'ay déja dit dans la préface de mon premier Livre ne tendant a autre chose qu'a obliger le public, j'ay pris soin de recueillir dans les ouvrages de plusieurs auteurs les morceaux convenables aux écoliers qui sont avancés, de sorte que par ce moyen chacun pourra profiter de la connoissance du Chant le plus parfait selon l'approbation generale de tout le monde; et comme mon projet ne demande que d'y arriver par gradation, on verra par l'arrangement de cette ouvrage qu'il n'est besoin que de suivre avec attention tout ce qui s'y présente, et comme les leçons sont variées et distribuées tant en leçons de paroles que de nottes alternativement, les unes a voix seule, les autres a deux et trois voix, d'autres enfin avec un accompagnement de Symphonie, de sorte qu'il ne faut point passer les leçons de nottes pour prendre celles des paroles, ni celles des parolles pour aller a celles des nottes; il faut aussi chanter le latin, qui s'y trouve, comme le françois, et le chant françois des paroles demandant plus d'attention par rapport a la prononciation, je me suis crû dans l'obligation de donner des préceptes pour bien sentir le poids que l'on doit donner a certaines lettres qui donne le sens et la force aux paroles que l'on chante; voiez avec attention la clef de la veritable prononciation page [illegible]. [illegible] et pratiquer la Musique latine font le Musicien, La Musique françoise le perfectionne et luy donne le goût du chant, et la Musique italienne donne la légereté du gosier; plusieurs la chantent imparfaitement, faute d'en sçavoir la langue, la prononciation et même le goût; ils croyent cependant y réussir parfaitement: mais nos fins connoisseurs italiens sentent bien qu'ils ne font rien qui vaille; de sorte que la Musique italienne, que j'ay mise dans mon livre, ne doit servir qu'a ceux qui en sçavent la langue, et comme j'ay promis un ouvrage complet en mes principes c'est ce qui m'oblige a l'introduction de tous les genres de Musique.

TABLE

Fin
de la Table du Troisieme Livre.

SUITE DES VRAIS PRINCIPES
De la Musique
Livre troisiéme.

Les leçons du premier et second livre doivent être suffisente pour rendre un Ecolier en état de commencer à chanter en partie pour se former l'oreille à l'armonie de plusieurs voix ou de plusieurs Instruments dont on est accompagnié. Chacun selon sa partie forment des sons differents dont l'oreille est agreablement occupé et cést ce qu'on appelle armonie.

Il est bon de commencer par les leçons a deux voix, quand on sera sur de la premiere partie on apprendra la seconde et l'on poura ensuite musier alternativement l'une et l'autre partie.

Leçons à deux parties, voix égalles

L'on feras attention que les Chiffres mis au dessus des premiers nottes de chaque leçons servent à regler le mouvement de la mesure comme on peut voir au pendul selon le plan qui est dans le second livre.

17
Fin
Fin
30
Rondeau
Fin

6

Petit Duo

Que nos jours seront dignes d'en-vie, si nos cœurs forment mème de-sirs.
Que nos jours seront dignes den-vie, si nos cœurs forment mesme de-sirs.
nous n'aurons a craindre dans la vie, que l'excés dangereux des plaisirs.
nous n'aurons a craindre dans la vie, que l'excés dangereux des plaisirs.
Duo
Vos beaux yeux charmante brune, sont toujours de doux vainqueurs, il faut aimer c'est une
Vos beaux yeux charmante brune, sont toujours de doux vainqueurs, il faut aimer c'est une
loix commune, quand vous exer-cés sur nos cœurs, vos beaux yeux charmante bru-ne.
loix commune, quand vs. exercés sur nos cœurs vos beaux yeux charmãte bru-ne.
Duo
Chantons bergers dansons sur l'herbe tendre, ce beau Printems ramei--ne les plaisirs.
fin
Chantons bergers dansons sur l'herbe tendre, ce beau Printens ramei--ne les plaisirs.
fin
Chantons la paix que le ciel va nous rendre, que son retour doit flatter nos desirs.
Chantons la paix que le ciel va nous rendre, que son retour doit flater nos desirs.

Leçons à deux parties A voix Egalles.
5
Lentement.
vite.
lentement.

Aux Armes aux ar - - - - - - - mes aux armes aux ar-mes,
Aux Armes aux ar - - - - - - - mes aux ar - mes Chers amis
Chers amis Courons Courons a la vic - - toire Courons Courons a la vic-
Courons Courons a la victoire Courons Courons a la victoire
toire, LAmour jaloux de nôtre gloire vient dinvestir notre buffet
lAmour jaloux de nôtre gloire vient dinvestir vient dinvestir notre buffet
Chassons ce Dieu Cherchons a briller dans lhistoi re,
Chassons ce Dieu cherchons a briller dans lhistoi - - re ou plus
ou plustost pour nous rendre un triomphe complet puisquil a deja pris la
tost pour nous rendre un triom - - - - - - - phe complet puisquil a deja
place du vallet quil reste quil res - - - te jy consens pour nous verser
pris la place du vallet quil res - - - - te jy consens pour nous ver-

a boire a boi---re puis qu'il a deja pris la place du vallet quil
Ser a boi-re quil res---------te j'y con sens
res-----------te j'y consens pour nous verser a
pour nous verser a boire pour nous verser a
boi--re, quil res te j'y consens pour nous verser a boi---re.
boi-re, quil reste j'y consens pour nous verser a boi--re.
Leçon pour les changem.ts de Clefs

Leçon
Leçon de mouvemens variez

assis à l'ombre d'une treil.......... le, le front orné de pampres verds, chacun le bras ar=
assis à l'ombre d'une treille, le front orné de pampres verds, chacun le bras ar=
mé d'une triple bouteille, nous chantions de Bachus les miracles divers, sur un Orme pro=
me d'une triple bouteille, nous chantions de Bachus les miracles divers. sur un Orme pro=
chain l'amour en embuscade après avoir tiré sur nous sans aucun fruit, lassé brulant de soif,
chain l'amour en embuscade après avoir tiré sur nous sans aucun fruit, lassé brulant de soif,
Ce Dieu se vit reduit . à venir par pitié nous demander raza......... de razade à venir par pi
Ce Dieu se vit reduit à venir par pitié par pitié nous demander raza................ de raza.......
tié par pitié nous demander raza........... de, raza.. de, lassé brûlant de soif ce Dieu se vit réduit
.......de razade raza........................ de, raza de lassé brul.t de soif ce D.u se vit réduit à ve=
à venir par pitié par pitié n.s demander raza.......... de raza de raza......................... de raza de.
nir par pitié à venir par pitié n.s demander raza............ de raza................................. de raza de.

Canon.

Le Canon est un sujet de Musique répété alternativement l'un apres l'autre et qui continue autant qu'il plait aux personnes qui le chantent, j'ose dire que ces sortes de morceaux de Musique disposent beaucoup l'oreille de l'ecolier a chanter a plusi.^rs voix, les chiffres indiq.^nt l'entrée a son tour, et pour plus grande intelligence voyez la partition du premier Canon.

Partition du Premier Canon à trois voix. Leçon;

2.e Canon à quatre voix.

Triomphons Triomphons du chagrins mocquo.^ns n.^s du destin, et buvons du bon vin.

3.e Canon à trois voix. leçon.

4.e Canon à 3. 4. 5. jusqu'à six voix.

si dans le monde tout prend fin, ne garde pas ne garde pas ton meilleur vin, il peut se gâter dès demain, Buvons buvons buvons mon cher voisin, bu: nous buvons mon cher voisin buvons à la santé de Catin, à la santé à la santé de Colin, à la santé de Catin, à la santé de Colin.

Trio.
on a beau feindre, et se contraindre, quand l'Amour a scû nous toucher; rien ne sçauroit
on a beau feindre, et se contraindre quand l'amour a sçû nous toucher, rien ne sçauroit
on a beau feindre, et se contraidre, quand l'amour a sçû nous toucher; rien ne sçauroit
l'empecher de paroi-tre, et ce qu'on fait pour le cacher, sert bien souvent a le faire connoi-tre.
l'empecher de paroi-tre, et ce qu'on fait pour le cacher, sert bien souvent a le faire connoi-tre.
l'empecher de paroi- - tre, et ce qu'on fait pour le cacher, sert bien souven bien souvent a le faire connoi-tre.

Leçons a trois voix.

Trio.
Bon vin Bon vin quoy que ton pouvoir soit divin, malgré toy nos jours prendront fin, mais
Bon vin Bon vin quoy que ton pouvoir soit divin, malgré toy nos jours prendront Fin ;
Bon vin Bon vin quoy que ton pouvoir soit divin, malgré toy nos jours prendront Fin ;
pendant que le tems sécou....le, Coule bon vin cou...... le cou.......... le, sans cesse cou=
mais pendant que le tems s'ecou......le coule bon vin cou..... le cou
mais pendant que le tems sé....coule, coule bon vin cou....... le cou...le, sans
...le, Puis qu'on ne peut fixer nos jours gardons n.s de fixer ton cœur.
...le sans cesse Cou..... le, Puis qu'on ne peut fixer nos jours gardons n.s de fixer ton cœur. cœur.
Cesse cou.............le. Puis qu'on ne peut fixer nos jours gardons n.s de fixer ton cœur. cœur.

Trio

Buveurs ne pleurez point ma mort, lorsque la Parque inexorable, aura fini mon
Buveurs ne pleurez point ma mort, lorsque la Parque inexorable, aura fini mon
Buveurs ne pleurez point ma mort, lorsque la Parque inexorable, aura fini mon
sort, elle est impitoiable, pour célébrer dignement ma mémoire, venez ve=
sort, elle est impitoiable, pour célébrer dignement ma mémoire, venez venez chan=
sort, elle est impitoiable, pour célébrer dignement ma mémoire, venez venez chanter venez chanter chanter sur mon tombeau, cy gist cy gist qui ne bût jamais
ter. venez chanter sur mon tombeau, cy gist cy gist qui ne bût jamais
nez venez chanter sur mon tombeau, cy gist cy gist qui ne bût jamais d'eau cy
d'eau cy gist cy gist qui vouloit toujours boire, cy gist qui vouloit toujours boi=
d'eau cy gist cy gist qui vouloit toujours boire, cy gist qui vouloit toujours boi=
gist cy gist qui vouloit toujours boi

re, Cy gist cy gist qui ne bût jamais d'eau, cy gist cy gist qui vouloit
re, Cy gist cy gist qui ne bût jamais d'eau, cy gist cy gist qui vouloit
re, Cy gist cy gist qui ne bût jamais d'eau, cy gist cy gist qui vouloit
toujours boire, qui vouloit toujours boi re cy gist qui vouloit toujo.rs boi--re.
toujours boire, qui vouloit toujours boi............re, cy gist cy gist qui vouloit toujours boi-re.
toujours boire, qui vouloit toujours boire cy gist cy gist cy gist qui vouloit toujours boi re.
Recit de Basse
Ah; quel malheur; quel attentat; quel affront; quelle fourberie, non jamais un crime d'E-
-tat ne fut égal a cette Barbari--e. Fameux Bachus que ton pouvoir divin Eclat---
...............................te contre ceux qui ternissent ta Gloire, Ecla.......te Ecla.......
----te contre ceux qui ternissent ta Gloire, Fameux Bachus que ton Pouvo.r divin Fameux Ba--
-chus que ton Pouvoir divin Ecla.........................te contre ceux qui terniss.nt ta Gloi.................re
Un coquin de Laquais, en me versant à boire, A versé de l'eau dans mon vin.

Rondeau.
Leçon à trois voix.
Fin.
Lentement.
Fin.
Lentement.
Fin.
Lentement.

Trio

Nous nous plaignons Nous nous plaignons des rigueurs de nos belles,
Nous nous plaignons Nous nous plaignons des rigueurs de nos belles,
N.s n.s plaignons Nous nous plaignons des rigueurs de nos belles,
Nous soupirons pour des cruelles, tandis que les bu-
Nous soupirons pour des cruelles, tandis que les bu-
Nous soupirons p.r des cruelles, Nous soupirons p.r des cruelles, tan=
-veurs tandis que les buveurs chan....... tent le verre en main chan··· tent le verre en
-veurs tandis que les buveurs chan..... tent le verre en main chan.... tent le verre en
dis que les buveurs chan....... tent le verre en main chan.... tent le verre en main le verre en
main, et sont contents de leurs destin, je quitte Iris,
main et sont contents de leurs destin; je quitte Iris, Suis ton a-
main, et sont contents de leurs destin, je quitte Iris. Suis ton amainte.

suis suis ton aminte, au cabaret passons le jour au caba-
-minte suis suis ton aminte au cabaret passons le jour au caba-
je quitte iris suis suis ton aminte au Cabaret passons le
-ret passons passont passons le jour, guerissons
-ret passons passont le jour, guerissons nous avec la
jour passons passsons le jour, guerissons nous avec la pinte des
nous avec la pinte des maux des maux que nous cause l'a-
pinte des maux des maux que nous cause l'amour, des
maux que nous cause l'amour, guerissons nous avec la pinte des
mour des maux que nous cau---se l'amour. mour.
maux des maux que nous cause l'amour. mour.
maux des maux que nous cause l'amour. mour.

MUSIQUE LATINE

terra ju-bi-laté jubi-la-té deo
Servité domino in lætiti.......a servité domi...
.....no in lætiti-a in lætiti-a , in læti-ti-a.

Ce Duo doit être chanté avec beaucoup de gout

Trio

flectamus flecta....mus genua sacris altaribus flectamus flecta...mus genua

flectamus flecta...mus genua sacris altaribus flectamus flecta...mus genua

flectamus flectamus genua sacris altaribus flectamus flectamus genua

sacris altaribus et mensa domini ornetur floribus ornetur flo....ri=

sacris al·taribus et mensa domini ornetur floribus ornetur flo....ri=

sacris altaribus et mensa domini ornetur floribus ornetur flo...ri=

bus flectamus flecta...mus genua sacris altaribus et mensa domini

bus flectamus flecta...mus genua sacris altaribus et mensa domini

bus flectamus flectamus genua sacris altaribus et mensa domini

ornetur flo..ribus et mensa domini ornetur floribus ornetur flo.....ribus.

ornetur flo..ribus et mensa domini ornetur floribus ornetur flo....ribus.

ornetur flo..ribus et mensa domini ornetur floribus ornetur flo....ribus.

Recit pour une haute-contre

Salva..........vit sibi dexterа ejus et bra..................................chium Sanctum e....jus, et

bra..........chium Sanctum e......jus; Salva..............vit sibi dextera

ejus et bra...........chium sanc tum e.......jus, Salva vit sibi dextera ejus et

bra..................chium sanctum e-jus et bra..........chium sanctum. e.......jus.

Recit pour un Desus avec accompagnement.

Sion læta - - - - - - - - - - - - - - ta est si - - on læta - - - - - - - - - - - - - - - - -
- - ta est si - - - on , Et exul ta ve-runt filiæ Judæ prop-
ter judicia tua exulta ve - - - - - - - - - - - - runt fi-li-æ Judæ et
exul ta ve - - runt fi-li-æ Judæ propter ju-dicia tua do-mine do-mi ne,

audivit audivit et læta - - - - - - - - ta est sion læ-
-ta - - - - - - - - - - - - - - - - - ta est si - on, læta - - - - - - - - - - - - - - - - -
- tæ est si - - on,
quoniam tu dominus altissimus, Super
omnes terram nimis exalta - - - - - - - - - - - - tus est super omnes de - o. Ado ra.

Duo.
Auditui meo dabis gaudium et læti...tiam Auditui meo dabis gaudium
Auditui meo dabis gaudium et læti..tiam Auditui meo dabis gaudium
et lætitiam Auditui meo dabis gau......dium et læti...tiam.
et lætitiam Auditui meo dabis gau..........dium et læti...tiam.
et exulta...........bunt os...sa humiliata humiliata
et exulta.........bunt os....sa humiliata et exulta.....
et exulta.............bunt os....sa os sa humiliata humiliata et exulta....
........bunt exulta...............bunt os-sa humilia--ta
......bunt exulta............bunt ossa humiliata
et exulta..........bunt os...sa humiliata humiliata et exulta......
et exulta..................bunt os-sa humilia ta humilia---ta.
lentement.
........bunt exulta.........bunt os-sa...os--sa humilia....ta.

Recit pour une Basse taille.

précedet......................et inflamma......bit in circuitu inimicos ejus
ignis anté ipsum præcé----det præcedet, et inflamma.......bit
et inflamma.......bit in circiutu inimicos ejus et inflamma.........bit
et inflamma.......bit et inflamma...........bit in circiutu inimicos ejus

et inflamma.........bit et inflamma.........bit et inflamma.....................bit in cir=
cuitu inimicos ejus, et inflamma.................bit in circuitu inimicos ejus.
Recit pour une Taille.
Altaria tua domine Virtutum, Altaria tua domine virtu-
tum, Rex meus Rex meus et deus meus rex meus et de--us me--us Altaria tua
domine Vir-tutum Altaria tua domine virtutum Rex me-us et de us meus rex meus et deus
me-us rex meus et deus me-us Rex meus et deus meus Rex meus et deus me--us.

Duo
33
Lætatus sum læta . . . tus sum in his quæ dicta sũt
mihi Lætatus sum læta . . tus sum in his quæ dicta sunt quæ dicta sunt mihi in
domum domini ibimus in domum domini ibimus ibimus in domum domini ibimus in
domum domini ibimus ibimus Lætatus sum læta . . . tus sum in his quæ dicta sunt mihi
Lætatus sum læta tus sum in his quæ dicta sunt quæ dicta sunt mihi in domum domini
ibimus in domum domini ibimus ibimus in domum domini ibimus in

Lætatus sum læta . . . . tus sum Lætatus sum læta . . tus sum læta . . tus
domum domini ibimus ibimus Lætatus sum læta . . . . tus sum læta . . . tus
sum in his quæ dicta sunt quæ dicta sunt mihi in domum domini ibimus in domum domini i . . . .
sum in his quæ dicta sunt quæ dicta sunt mihi in domum domini ibimus
. . . . . bimus in domum domini ibimus i . . . . bimus
i . . . . bimus in domum domini ibimus in domum domini i . . . . . . bimus
Lætatus sum læta . . . tus sum læta . . . tus sum in his quæ dicta . .
Lætatus sum læta . . . tus sum læta . . . tus sum in his quæ dicta . .

sunt quæ dicta sunt mihi in domum domini
sunt quæ dicta sunt mihi in domum domini ibimus in domum domi.
ibimus i--bimus in domum in domum domini ibimus domini i.....bibus
ni i.....bimus indo mumindomumdomini i--bimus
Trio
omnes gentes plaudite plaudite plaudite manibus
omnes gentes plaudite plaudite plaudite manibus jubi-
omnes gentes plaudite plaudite plaudite manibus jubila......
Basse continue
jubila........te in voce exultationis jubilate deo in voce exulta tio-nis
la........te in voce exultationis jubilate deo in voce exultatio--nis
te jubilate deo in voce exultationis in voce exultatio..........nis

36
Recit pour un dessus
Violons.
viderunt viderunt omnes termini terræ saluta - - - - - - - - re dei nostri vi=
derunt viderunt omnes termini terræ saluta - - - - - - - - - - - - re dei nos- - - tri.
hauboit
jubilate ju-bilate jubila - - - - - - - te deo omnis

terra jubilaté deo omnis ter.........ra jubi-la-te deo omnis ter...
......ra jubila....te deo jubila.....te jubila.....té de...o canta-
-te canta....te et exultaté et exulta..........té et psalli-
-te psal..........lité et psal...té.

Fin
Fin
Fin
psal - - - - - lité domino in cythara psal - - - - - lité
domino in cythara in cythara et voce psalmi et vo - - ce psalmi et
vo - - cé psalmi et vo - - - - - - - - - - - - - - - cé psal - - - mi in tubis duc-
tilibus intubis ductili bus et vo - ce tu - - bæ corneæ

et vo - - - - - - ce et vo - ce tu - - - bæ cor - - nee ,
ju - bi - la te ju - bi - - la te
Jusqu'au mot Fin.
ALLELUIA
pour un dessus
Alleluya
Alleluya
Alleluya Alleluya
Alleluya
Alleluya
Alleluya Alleluya
Alleluya Alleluya
Alleluya
Al=
= leluya
Alleluya.
Alleluya Alleluya Alleluya Alleluya
Fin de la Musique latine.

CLEF DE LA VERITABLE PRONONCIATION DE LA LANGUE FRANÇOISE,

Tres utile aux personnes qui chantent la Musique et particulierement pour ceux qui n'ont pas un grand usage de cette langue.

On distingue deux sortes de prononciations en general qui font naître bien des doutes, et des difficultez dans le chant: Il y a une prononciation simple qui est pour faire entendre nettement les paroles; ensorte que l'auditeur les puisse comprendre distinctement et sans peine, mais l'autre qui est plus forte consiste à donner le poids aux paroles que l'on récite et qui est assez semblable à celle qui se fait sur le theâtre lors qu'il est question de parler en public, que l'on nomme déclamation: cette derniere espece de prononciation se peut confondre avec l'Expression, et aussi Je la distingue; Je ne veux donc parler icy que des principalles lettres de l'Alphabet qui donnent le poids aux paroles que l'on chante, et de la maniere qu'il les faut prononcer: ces deux sortes de prononciations estant ainsi establies, il est constant que ce n'est pas assez que de prononcer les paroles simplement, il faut encore leur donner la force et l'Energie qu'elles doivent avoir: autrefois on avoit peu d'égard aux paroles que l'on chantoit, et la prononciation étoit presque comptée pour rien, mais le chant est venu à un si haut degré de perfection, que bien loin de se contenter de prononcer simplement, comme on le faisoit autrefois, il faut passionner à propos et donner à ses paroles la force necessaire et ne pas se rapporter au langage familier, qui par un usage déja ancien retranche des lettres et même des sillabes entieres, on confond le plurier avec le singulier, le feminim avec le masculin, et on fait plusieurs autres fautes grossieres qui seroient affreusses dans le chant.

Par exemple, on dit dans le langage familier, Les hom-m' ont un avantage par dessus les bêt, pour dire, Les hommes ont un avantage par dessus les bêtes; tu donn'a, tu parl'a, tu manqu'à faire, au lieu de tu donnes a, tu parles à, tu manques a faire: vous fait à, vous dit a vos amis, pour vous faites à, vous dites a vos amis, Ceux qui pens avoir raison, pour ceux qui pensent avoir raison, et ainsi de tous les autres pluriers des verbes, pour le peu qu'on y veüille faire attention, on verra que Je m'énonce clairement par des principes fort simples, qui conduisent à la véritable prononciation.

Des Lettres.

Les Lettres se divisent en Voyelles et en Consonnes ; Il y a cinq voyelles, A. E. I. O. V. Les autres lettres s'appellent consonnes a l'Exception de trois. Sçavoir, L'H. L'I. et L'V. qui sont tantost voyelles et tantost consonnes ; une meme lettre peut avoir plusieurs sons. l'exemple se trouve dans les pages suivantes.

Explication des Voyelles et des Consonnes.

On appelle Voyelle tout caractere qui forme un Son sans le secours d'une autre lettre. On écrit, et on prononce de même, A. E. I. O. U. on appelle consonne tout caractere que l'on ne sçavoit prononcer sans le secours d'une autre lettre ; on écrit, B. C. F. G. H. on prononce Bé. Cé effé. Gé. ache.

De la Syllabe.

On appelle sillabe ce qui n'a qu'un son ; most d'une syllabe. Jeu, Feu, mots de deux syllabes. Jeudy, Fable, mots de trois syllabes. Jeunesse, fabrique ; Jeu n'a qu'un son ; Jeudy en a deux, on prononce Jeu-dy ; Jeunesse en a trois, on prononce Jeu-nes-se, ainsi des autres.

Des Mots.

On entend par mot, ce qui signifie quelque chose, ou ce qui sert à quelque chose ; Il y a deux sortes de mots, le simple et le composé, mots simples. pére, Mére, mots composez ; grand-pere, grand-mere :

Des Accents.

Il y a sept sortes d'accents. l'aigu, le grave, le circonflexe, la cedille, les deux point, le trait d'union et l'apostrophe.

De L'accent Aigu.

l'accent aigu se met sur l'É fermé, lors qu'il s'appelle seul ou quand l'É est la derniere lettre des syllabes, ou des mots. on écrit réunir, piége, vanité, on prononce réunir, piége, vanité, excepté á la seconde personne du plurier. on ne met le Z, qu'au verbe et jamais au participe, on écrit vous avez été loués et estimés, ou prononce vous avé été loué é estimé, l'adverbe assez et la proposition chez ont toujours le Z, on écrit. assez, chez, on prononce assé, ché, l'r. finale precédé d'un E rend l'É fermé quand on ne prononce l'r. on écrit un Jardinier doit travailler. on prononce un Jardinié doi travaillié, l'É ouvert quand on prononce l'r, on écrit amer, enfer, Jupiter, on prononce amair, enfair, Jupitair.

De L'accent Grave.

l'accent grave sur l'É ouvert, change l'E en nai et rend pour l'ordinaire la syllabe longue. on écrit règle, poète, procès. on prononce, raigle, poaite, procais, l'accent grave aux autres lettres ne change point le son de la lettre. là datif, à l'accent grave, à l'argent, à vaincre, à l'homme, à combatre. où pronom. a l'accent grave et jamais quand il est conjonction.

De L'accent Circonflexe.

L'accent circonflexe se met sur la voyelle longue et rend l'É plus ouvert que l'accent grave, on écrit, même, poême, forêt. on prononce, maîme, poaîme, foraî. on écrit mâcher, paroître, impôt, nôtre, vôtre, on prononce mâché, paraître, inpau, nautr, vautre.

De La Cédille.

Quand le C. devant A. O. V. prend le son de l'S. on lui met une Cédille. on écrit façade, façon, garçon, glaçon, gerçure. on prononce fasade, fason, garson, glason, gersure.

Des deux Points.

Quand plusieurs voyelles ensemble forment deux sons il faut les deux points. siëur, jouët, laïque, coüe, on prononce si-ieur, jou-et, la-i-que, Co-ûe.

Du trait d'union. –

Quand plusieurs mots ne signifient qu'une chose, on met le trait d'union. passe-par-tout; on met aussi le trait d'union quand on sépare les syllabes d'un mot lorsque le mot commence a la fin d'une ligne pour finir à la ligne suivante, ou quand plusieurs notes de musique se chantent sur la premiere syllabe d'un mot, on se sert du trait d'union pour marquer la séparation du mot.

De l'apostrophe.

Quand un mot signifie deux choses, on met l'apostrophe, on écrit et on prononce l'heure, l'enfant, J'attends.

A

L'A à plusieurs sons, il se prononce en na, en né èt en no: quand l'a est suivi d'une lettre consonne, l'a se prononce en na, la bouche fort ouverte; l'a devant l'i voyelle, fait prononcer l'a en né, et l'on ne fait qu'effleurer le son de l'i suivant, on écrit aimer, on prononce èimer; l'a devant l'u voyelle fait prononcer l'a en no, on écrit aubade, on prononce obade, ainsi des autres; l'on fera attention dans la liste des mots suivants, que la sillabe longue est distinguée par deux Points, mis audessus de la principalle lettre de la sillabe.

l'a en a.	Eclàt	Idolàtre	Langàge	Pàrt	Traitàble
Agréàble	Effàce	Impitoyàble	Màl	Partàge	Trépàs
Adoràble	Epàrs	Implacàble	Malàde	Pàs	Véritàble
Avantàge	Exoràble	Incomparàb.	Méprisàble	Passàge	Vestàlle
Avàre	fatàl	Incroyàble	Miràcle	Périssàble	Volàge
Barbàre	favoràble	Indomtàble	Muàble	Pitoyàble	Voilà
Blamàble	folàtre	Inébranlàble	Nayàde	Poignàrd	L'A. en n'E
Bocàge	frimàs	Inévitàble	Naufràge	Prépàré	Aimér
Capàble	flàme	Inviolàble	Nectàr	Ravàge	Aide
Délectàble	Gàge	Inexoràbl	Obstàcle	Rivàge	Aidant
Duràble	Gràce	Infàme	Ouvràge	Redoutàble	Ayant
Effroyàble	Habitàble	Infernàl	Pàlme	Regàrd	Aiguise
Epouventàble	Hermitàge	Ingràt	Pàle	Sà	Aimàble
Etàt	Hommàge	Inséparàble	Pâque	Sàge	Aimant
Etendàrt	Honoràble	Irévocàble	Parfait	Sauvàge	Aile

Air.	Epais.	Plaine.	Taire.	Audàce	Aussi
Aisance.	Fontaine.	Plaire.	Traitable.	Aubàde	Austére
Chaine.	Gay.	Plaisant.	Excepté	Aucun	Auront
Certain.	Haine.	Plaisir.	Maître.	Augùre	Autèl
Capitaine.	Humain.	Saisi.	Traitre.	Augùste	Autoùr
Complaisance	Prochain.	Saison.	Paix, Vray.	Auprès	Aùtre
Eclair.	Pais.	Souverain.	Rayons.	Auròre	Beaù
Effraye.	Paisible.	Téméraire	l'A en l'O	Autant	Beaùté

B

Le B se prononce devant toutes les voyelles et les consonnes, en approchant les levres l'une de l'autre et les ouvrant sans violence dans le moment que le son de la voix sort de la bouche, il faut faire attention de ne pas prononcer le son du p. au lieu du b.

C

Le C. a quatre sons, celui de C. de l's. de Q. et celui de K, le son du C se prononce avec douceur aussi bien que le son du C. en S. lorsque le C. prend le son de Q. on le prononce plus durement et quand il prend le son du K, on le prononce encor plus durement et la bouche forte ouverte :

Le C devant l'i l'e muet et l'è ouvert prend le son de l'S, de même que le Ç avec une cédille devant A. O. U. son du C. on écrit et on prononce de même. cédé. célebre : son du C. en S. on écrit Musicien. leçon, rançon, menaçant ; on prononce Muzissien, leson, ranson, menasant. on écrit il ne sçait pas ce que j'ay sçeu avec succés dans le circuit du monde ; on prononce Il ne sé pa se que gé sû aveque suqsai dans le sirquit du monde ; son du C, en Q, le C finalle et le C. sans cédille devant l'o. et l'u, prend le son de Q, et devant l'a prend le son du K : on écrit cocû, au coin de la rue, avec affront, jusqu'au front. on prononce qoqû. o quoin de la vûe aveq kffron jusques au front son du C. en K, on écrit en pareil cas, on a vû cela. on prononce. en pareil K, on a vû ça.

Son du C.	Certain	Colin	Confident	Couràge	Cascàde
en C.	Certitude	Coloris	Confirmé	Climàt	Calme
Cédé	Cerveau	Combàt	Confits	Clemence	Carcàsse
Céres	Cesse	Combàttre	Confondre	Cu	Carnàge
Célebre	Ciel	Combler	Coq	Cueillir	Casque
Célébrer	Circonstance	Commencer	Coquette	Cuisant	Carquois
Célébrons	Citerne	Commender	Conqueste	Culte	Càve
Céleste	Civilité	Compère	Conquérant	Cultiver	Caverne
Son du C.	Son du C.	Complesant	Coteau	Cupidité	Capàble
en S.	en Q.	Complice	Coucoù	Son du C.	Capitàl
Ce	Cocu	Consert	Coup	en K.	Acàble
Cependant	Colére	Conduire	Coupàble	Cas	Arcàde

La lettre D se prononce devant toutes les voyelles, en appuiant légerement le haut de la longue contre les dents, et la retirant dans le moment que la voix commence à sortir. Le D final prend le son du T devant une voyelle ou une l'H muette et jamais devant une Consonne ni une l'H aspirée : On écrit un grand ignorant, un grand hipocrite : On prononce un grantignoran, un grantipocrite, D muet, On écrit grand parleu, grand hableur ; on prononce gran parleur, gran hableur, ainsi du reste.

E

Il y a trois sortes d'E, l'E muêt, l'E fermé, et l'E ouvert ; l'E muet se prononce comme eu, et n'a jamais d'accens, il sert a rendre la Syllabe feminine par laquelle sont distinguez les vers féminins d'avec les masculins, tout mot s'appelle féminins, lorsque sa derniere syllabe est formée d'un E muet, soit que cette lettre soit finalle ou seulement comprise dans la dernière syllabe, exemple. j'aime, vie, rendre, âmes, flâmes, faites, dites ; Pluriels des verbes, donnent, disent ; mono-syllabes, de, ne, me, te, ce, et autres semblables qui contiennent l'e muet. tous les autres mots qui finissent par une sillabe qui contient tout autre e et toute autre voyelle, s'appellent mots masculins. l'é fermé se prononce comme é son propre de la lettre, il a l'accens aigû, le z ou l'r quand on ne prononce pas la lettre suivante, et quand l'É s'épelle seul il a le son propre, l'È ouvert se prononce comme ai, il a l'accent grave, le circonflexe ou l'E, sonne avec la lettre qui suit ; quand l'E, est pénultieme de la syllabe m, ou n, l'E se pronce en n'a. on écrit embarquement, embrasement, enchainement, enchantement ; on prononce ambarquemant, ambrazemant, anchainemant, anchantemant ; de sorte qu'il faut une parfaite connoissance des differens sons de l'E, attendu que tres souvent les accens y sont négligés ou mal placés il est de grande importance a ceux qui écrivent a ne manquer en rien de tout ce qu'il est nécessaire pour le lecteur.

l'e muet.		l'é fermé.		l'è ouvert.		L'e en na.	
Age	Homme	Agréable	Néant	Amèine	Préfère	Absent	Pendant
Aime	Image	Bénissons	Obéir	Batême	Presèrve	Apprend	Penser
Belle	Larme	Célébre	Opéré	Caractère	Honête	Content	Rendre
Bonne	Menaces	Dégénéré	Péril	Dê	Règle	Consens	Remplir
Calme	Nostre	Écho	Périr	Forêt	Règne	Different	Remporte
Cache	Obéissance	Fléchir	Pied	Fête.	Regrèt	Descendre	Reverse
Comble	Pleure	Gémir	Piége	Fidèlle	Regnèr	Ensemble	Renuoy
Donne	Que	Hé	Précieux	Galère	Respèct	Entendre	Sensible
Ébauche	Regne	Intrépide	Réel	Grêle	Rèine	Entre	Sentence
Face	Sage	Léger	Révélé	Halêne	Sincère	Fendre	Temps
Forme	Table	Lumiére	Séparé	Modèle	Sévère	Genre	Tendre
Gloire	Terre	Mére	Ténébre	Misère	Cerbère	Gens	Tourment
Grace	Vie	Mérite	Véritable	Même	Sèrvent	Mention	Vendre
Grave	Vivre	Négligé	Zéphire	Promène	Zèle	Mentaii	Vent

 F. G.

l'F se prononce les levres fermées, en ouvrant ensuite la bouche selon le son des lettres suivantes, qui composent la sillabe; l'F finalle suivie d'une autre com̃e les mots suivant; affable, affaire, offrande, offrir; la première se prononce la bouche ouverte: parcequ'elle est finalle de la sillabe, et la seconde se prononce les lévres fermée comme premiere de la sillabe suivante, de sorte que l'F. est toujour premiere ou finalle. G. compagne de la lettre C, a comme elle plusieurs sortes de sons que l'on doit observer; devant A. O. V. le G garde le son propre et se prononce un peu durement; devant E. I. il prend le son de L'j consonne, et devant L'l, il se prononce comme gue, on écrit glace, on prononce guelace, quand l'A. est pénultieme du g, le son du g. est jmperceptible et on peut par consequent l'appeler le g. muet, on écrit magnifique, on prononce manifique.

son propre du G.		son du G. en j consone		son du G. en Gue.		g muet.	
						on écrit	on prononce
Gage	Gogó	Gémir	Gibiér	Glâce	Glóbe	Baigné	Béiniè
Galant	Górge	Géneral	Gigót	Glaçón	Glóire	Consigné	Consiné
Garant	Gosiér	Génereux	Gisant	Glapir	Glorifiér	Gagné	Ganié
Garde	Gouffre	Génie	Gíst	Glissant	Glorieux	Signifié	Sinifié
Gardien	Guerre.	Génou	Gíste.	Glisser	Glouton.	Signalé	Sinalé

H

Il y a deux sortes d'h. l'h. müette et l'h. aspirée, l'h. müette s'apostrophe, et jamais l'aspirée; la consonne finalle se prononce devant l'h müette et jamais avant l'aspirée, le son de l'h se prononce selon la lettre suivante, on écrit Honoré. Théâtre, Souhait, on prononce, onoré. Teâtre, Souait. l'h, est aspirée dans les mots suivant

l'H aspirée	Hameau	Haut	Héros	Hoqueton
Ha	Hanter	Hauteur	Herisson	Houlette
Hache d'armes	Harpe	Hausser	Hêtre Arbre	se Houspiller
Haï	Hasard	Hautbois	Ho	Huée
Haine	Se Hasarder	Hautcontre	Holà	Hune d'un
Haïr	Hâte	Hé	Honte	Navire.
Hâle	Se Hater	Hélas	Honteux	Hupe
Se Hâler.	Hâvre	Héraut	Hoquet	Hupé.

I

Il y a quatre sortes d'j, l'j Consonne: l'i voyelle. l'y grec et l'ï, trema, l'j. consonne commence la sillabe et suit une voyelle et se prononce comme le son de g. On écrit, jaloux, jeune, jour, juge, on prononce galou, geune, gour, guge. l'i voyelle ne commence jamais la sillabe quand il suit une voyelle et meme devant l'a, l'e, et l'o. l'i. se prononce double comme deux ii, on écrit voiage, voiez, vaient, vie, ravie; on prononce voiiage, voiié, voiient, viie, raviie; et devant l'm, l'n, il faut prononcer comme s'il y avoit un é devant l'i. on écrit impatient, importun, incredule, indigne, on prononce eimpasian, eimportun, eincrédule, eindignie, l'i. des mots suivans a le son fort aigû. idole, iris ivre, de meme que tous ceux qui sont finalle ou qui seppelle seul l'ï tréma et l'y grec dans toutte occasion le son est aigû, l'ï tréma ne fait jamais sillabe avec la voyelle qui précede. l'y grec se prononce toujour comme deux ii excepté quand il fait seul un mot.

l'j consonne	l'i voyelle	l'i en nei	l'ï tréma	l'y. grec
Jaloux	Iris	Immortel	Aieul	Moy
Je	Ivre	Importun	Bisaïeul	Roy
Jeu	Vie	Incommode	Casuïste	Royale
Jeune	Ravie	Inconnu	Heroïque	Royaume
Jour	Envie	Inconstant	Laique	Abaye
Juge	Prie	Incrédule	Ouï	Effroyable
Jus	Crie	Infortuné	Naïf	Joyeux
Juste	Rie	Ingrat	Païen	Foudroyante

K. L

La lettre K. n'a rien de particulier elle se prononce durement en toutes occasion. L. il y a trois sortes d'L. sçavoir L. simple, mouillée et liquide, l'i. devant deux ll. les rend mouillées excepté que l'j. ne commence le mot, comme illusion, illustre illuminée &c dans ces sortes d'occasions on fait entendre le son des deux ll, mais non dans les ll. mouillées des mots suivans. briller, brillante, meilleur, bouteille, vermeille, treille. on prononce brilier, briliante, mailieur, boutailie, vermailie, trailie, par lequel on voit que la premiere des deux ll. n'a aucune force et qu'apres la seconde on suppose un j. L. liquide, on écrit fidele, zele, modele; on prononce fidaile, zaile, modaile &c. L simple des mots suivant se prononce avec toute la force du son propre, on écrit et on prononce chaleur, valeur, malade, volage, mais L, simple devant une consonne se prononce comme deux ll. on ne sçauroit trop appuier L. des mots suivant, on écrit malgré, réuolte, silvie ; on prononce mallegré, réuollete, Sillevie. &c.

M N

L'M. précédé d'un é, ouvert ou suivie d'une consonne la rend liquide, comme remporte, remplir, rompre; on prononce ranporte, ranplir, ronpre, mais dans les mots suivants l'm se prononce avec plus de force, comme mal, mérite, mille, mortel et munir. L'N précédée d'un g devant une voyelle, il faut supposer un i apres l'n, on écrit raignez, ignoré, mignature, mignon; on prononce rainié, inioré, miniature, minion; l'n finalle se prononce comme double devant une voyelle ou un h. muet et non devant une consonne ni un h. aspirée, on écrit mon amour, mon empire, mon hermine, mon instrument, mon objet, mon unique; on prononce mon n'amour, mon n'ampire, mon n'ermine, mon n'instruman. mon n'objet, mon n'unique; l'n des mots suivants est liquide, Amène, Halène, promène.

O

l'O a plusieurs sons. le son de l'o naturel se prononce du gosier comme, vole, ose, flore, propos, écho, honore. dans les most suivants l'o se prononce en è, on écrit auroit, avoit, bornoit, connoitre, paroitre, chantoit, crioit, dormoit, foible: on prononce orèit, avèt, bornèt, connèitre, parèitre, chantèit, criièt, dormèit, fèible. les autres sons de l'o se prononce selon la lettre précèdente ou suivante.

P. Q.

Le p a deux sons, celui de p et d'f, le p des mots suivans se prononce en serrant fortement les levres l'une de l'autre et les ouvrant fortement dans le temps que la voix sort de la bouche, palais, pénetrer, pitié, poli, pur, le p des mots suivant se prononce en F. on écrit philis, phæbus, philosophe, phisionomie. on prononce filis, fœbus, filozoffe, fizionomie. le Q. n'a rien de particulier on le prononce selon le son de la lettre suivante.

R

l'R. se peut considerer en plusieurs maniéres, ou comme liquide lorsqu'elle suit une autre consonne dans la même syllabe ou precédée de l'e ouvert comme j'ay déja dit parlant de l'm, et l'n, qui sont aussi liquides, il n'y a que ces quatre liquides de toutes les lettres de l'Alphabet; l'r, est liquides dans les mots suivant grace, crainte, feindre, prendre, sincère, sevère, austère. l'r. des mots suivants se prononce avec force. rapide, ravage, rage, répandre rigueur, rocher, ruine, ruse, ainsi des autres ou l'r. commence le mot. l'r des mots suivants a plus de force d'expression que les précédents. mortel, mourir, pour quoi cruelle, &C. pour ce qui est de l'r, finalle, il y en a de trois sortes, premierement on ne prononce jamais l'r finalle des mots suivants et par consequent doit être appelé muet. on écrit berger, on prononce bergé. ainsi des mots suivants; Cavalier, chevalier Conseiller du Roy, Officier pour le service du Roy, Courrier, Cellier pour le vin, Cayer de papier, premier, dernier, &C.

2.me regle génerale On prononce l'r finalle dans tous les mots d'une Syllabe, il en est de même des autres mots dont l'r finalle est précédé d'une voyelle excepté, l'é fermé; pour, cour, jour, soir, noir, voir, leur, clair, hier &C. l'r finalle precédé d'une voyelle. Cesar, Jupiter, l'enfer, l'hiver, offrir, tenir, dormir, languir, medor, corridor, douleur, langueur, honneur, &C.

3.me l'r finalle des mots suivants se prononce double quand le mot suivant commence par une voyelle. on écrit fouler aux pieds, guerir un mal, monter a cheval, dechirer en piece, consoler iris, parler ouvertement. on prononce foulerrau pié, guerir run mal, monter ra cheval, dechirer ran piece, consoler riris, parler rouvertemant. on écrit feindre encore, prendre un cœur; on prononce feindrancorre, prandr un cœur.

S

l's. son naturel de l's. se fait par un espece de sifflement fort doux, et qui a un grand rapport a la lettre c comme on a pû voir dans les mots ou le C.

prend le son de l's. quand l's. commence le mot elle garde le son naturel, comme sage, separe, sincere, soleil, sublime; l's. entre deux voyelles se prononce comme un z. on écrit visage, choisi, luisant, risible: on prononce vizage, choizi, luizan, rizible &c. l's finalle a le même son quand le mot suivant commence par une voyelle ou une h muette; mais devant une consonne ou une h aspirée, l's finalle est muette pour l'ordinaire, excepté que ce ne soit pour distinguer le plurier d'avec le singulier. Pour éviter tout équivoque, on écrit nous irons tous pour vous voir, les habitans vous ont tous offert leurs hommages hier, mais les bergers avec leurs houlettes ont le cœur plus dur que tous les rochers ensembles; on prononce Nouziron tous pour vou voir, les zabitans vouzon tou zoffer leur zommage hier, mais les Bergé zavec leur houlette ont le cœur plu dur que tous les Roché zansamble.

T

La lettre T. a beaucoup de rapport à la lettre D. la difference est, que le son naturel du T. se prononce un peu plus durement; excepté lors qu'il prend le son de l's; lorsque le T commence le mot, on le prononce avec le son naturel; comme Téméraire, Témoins, Termine &c. le Ti devant a. o. prend le son de l's excepté la pénultiéme syllabe des verbes, et quand le T. est précédé de l's ou de l'x. on écrit Nuptiale, martial, Nation, Précaution, Patience; on prononce Nupsial, Marsial, Nassion, Précausion, Pasiance: le T. finale se prononce avec le son naturel quand le mot suivant commence par une voyelle, mais si c'est une consonne le T. finale est muet; on écrit Dormant à l'ombre, Dormant encorre, Dormant y cy, Dormant ordinairement dans un lit, Dormant uniquement sous la couvertur. On prononce Dorman-ta l'ombre, Dorman-tancorre, Dorman-ti-cy, Dorman tordinaireman danzun lit, Dorman-uniqueman sou la couverture.

UV

Il y a deux sortes d'u, l'v consonne et l'u, voyelle. l'v consonne commence la syllabe et suit une voyelle ou une R. l'u voyelle ne commence jamais la syllabe quand il suit une voyelle ou une R. Pour bien prononcer l'u, naturel il faut que la bouche soit presque fermée, afin de rendre le son de cette voyelle plus délicate et plus fine, sans quoi on prononceroit eu pour u; quand l'u fait seul la syllabe le son est naturel de meme que l'u des autres mots suivants vne, utile, vsage, vniversel, vsurper, commune, verdure, murmure, &c. l'u à plusieurs autres sons selon la lettre précedente ou Suivante; j'en parlerai dans l'article des voyelles composées que l'on nomme Diptongue. à l'egard de l'v. consonne il n'a rien de particulier.

X. Z.

l'x naturel se prononce d'abord comme i et l'on donne ensuite un coup de langue en serrant les dents qui produit un sifflement comme si l'on vouloit animer un chien contre un autre; dans les mots suivans l'x a le son naturel, luxe, extreme, expire, exprime, excite. Dans les mots suivants l'x se prononce comme s. ou C. on écrit exquis, extenué, reflexion; On prononce esquis, estenué, reflexion &C. Dans les mots suivans on prononce un z apres l'x, parce que l'x précede une voyelle ou une h muet; on écrit exaucer, exalter, examiner, exécuter, exiler, exhorter, exorciser; On prononce exzaucer, exzalter, exzaminer, exzécuter, exziler, exzorter, exzorciser; l'x finalle devant une voyelle se prononce comme z et devant une consonne l'x est muet, excepté l'x du mot deceux: On écrit vos beaux yeux ont seu guerir les maux affreux, de tous ceux qui vous ont offert des vœux en adorateurs; on prononce vo beau zieu zon çû guerir les mau zaffreu, de tou ceuze qui vou zon toffer des vœu zen nadorateur. l'x finale des mots ci dessus, va presentement devenir muet, parce qu'il précede une consonne, exemple, vos beaux bras, les maux de teste, des vœux pour le ciel; on prononce, vo beau bra, les mau de teste, des vœu pour le ciel. Z. le z n'a qu'un son et se prononce a peu pres comme l's devant une voyelle, le z précede toujours une voyelle. exemple, azile, azur, zele, zéphir: le z finalle rend l'é précedent fermé, et quand le mot suivant commence par une consonne, le z est muët, mais, si c'est une voyelle, on prononce le z, amoins qu'il n'i ait apres le z un point, ou une virgule, comme, allez orphez, halez, hatez. On prononce alé zorfé alé, alé, &c.

Des voyelles composées que l'on nomme diphtongues

Quand plusieurs lettres voyelles ne forment qu'un son, dans le meme mot, ou sillabe, c'est ce que l'on apelle Diphtongue, parce que le son en est composé c'est a dire qu'elles n'ont ni la même force, ni le meme son, Par exemple, je suppose que l'on mette dans un vase, un verre de vin rouge, un verre de lait, et un verre d'ancre, ces trois liqueurs étant ensembles ne font plus qu'une même couleur et une même vertu ou qualité. de sorte que la couleur ni la qualité ne sçauroient avoir la vraye ressemblance d'aucune des trois liqueurs dans le temp qu'elles etoient séparées, de sorte qu'il en est de même pour les lettres voyelles quand il est question d'en prononcer plusieurs ensemble, je trouve apropos de me restraindre aux mots principaux, ou la prononciation demande beaucoup plus de soin et d'attention qu'aux autres, j'ose même dire, que la plus part de nos françois pechent contre cette délicatesse de prononciation. Par exemple, on écrit, loix, ou prononce lou-ai, comme deux sillabes, mais il faut avoir soin de passer vite de la premiere sillabe à la seconde, de maniere que l'auditeur au lieu de deux sillabes, n'en distingue qu'une bien articulée. même exemple, pour les mots suivans.

on écrit,	dois	crois,	voit,	quoy,	fois,	soit,	moy,
on prononce,	dou-ai	crou-ai	vou-ai,	cou-ai,	fou-ai,	sou-ait,	mou-ai,

vouloir,	Sçavoir,	Prevoir,	memoire,	Soin,	Point,
vou-lou-air,	Ça-vou-air,	Pre-vou-air,	me-mou-air	Sou-ain	Pou-ain,

Loin.	Oiseaux	Oeil
Lou-ain,	ou-ai-zau,	ail-lie.

ainsi des autres. **FIN**

MUSIQUE FRANÇOISE.

Pour le Gout du Chant.

gné de tourmens à mon a- -me. sur la foy des sermens dont il flattoit mes
vœux j'esperois un destin heureux; je croyois voir toujours nos cœurs d'intelligence, je m'assûrois que jamais l'inconstance ne brisserois de si beaux
nœuds, Ah qu'il est dangereux de s'engager sur la vaine assûrance des serm.s amoureux, l'esp-
delle attendoit pour éteindre ses feux, Qu'il m'en eût fait sentir toute la violen- -ce. Que le
charme fatal d'une douce esperance, expose un coeur crédule à des maux

rigoureux Ah! qu'il est dangereux de s'engager sur la vaine assurance des sermens amoureux.
RECITATIF.
Un Heros qui mérite une gloire immortelle Au séjour des Hu
Basse continue
mains aujourd'huy nous rapelle. le siecle qui du monde a fait les plus beaux
jours, Doit sous son regne heureux recommencer son cours. il calme l'univers, le
Ciel le favorise, son auguste sang s'éternise, il voit combler ses vœux par un He
=ros naissant. Tout doit estre sensible au plaisir qu'il ressent.

Air a voix seul avec accompagnement
seul
Flutes.
Violons.
Doux
Fort
Regnez dans ces beaux lieux aimables Dieux,
regnez dans ces beaux lieux aimable dieux, regnez
regnez que tout vous rende hommage.

le bonheur précieux qui comble nos souhaits de vos divins bien
faits est le charmant ouvrage, regnez regnez
dans ces beaux lieux aimables dieux, regnez regnez que tous vous rende hommage, les

cœurs dont vous fixez les voeux des vains desirs perdent lusa-ge, en montrant l'art detre heu
-reux v.s montrez celui d'être sa- - -ge Regnez dans ces beaux lieux regnez aimable
dieux, Regnez dans ces beaux lieux aimables dieux, regnez
regnez que tout v.s rende hommage .

Duo.

Helas! une chaîne si belle Devoit être éternelle. Helas! de si tendres A=
Helas! une chaîne si belle Devoit être éternelle. Helas! de si tendres A=
=mours Devoient durer toujours. Helas! une chaî-----ne si belle
=mours Devoient durer toujours. Helas! helas! une chaî----------
Devoit être éternelle. Helas! une chaî-----------------ne si
---------ne si belle devoit être éternel--------------le. He=
belle devoit être éternel-----------------le. Helas! une
=las! Helas une chaî------------------ne si belle Devoit
chaî-------------ne si belle devoit être éternel----le. He=
être éternel--------------le. devoit être éternel----le. He=
=las! de si tendres Amours Devoient durer toujours.
=las! de si tendres Amours Devoient durer toujours.

58
Scene 2e du 4e acte de Phaëton.
Le Soleil.
Approchez Phaëton, que rien ne vous étonne, j'adoucis en ces lieux l'éclat qui m'envi=
=ronne, vous soûpirez mon Fils, qui vous peut inspirer tant de trouble et tant de tristesse, le
sang qui pour vous m'interesse, vous permet de tout esperer.
Phaëton.
Ame de l'univers, source
vive et feconde, De tous les biens du monde, Pere du jour, s'il m'est permis D'oser vous
appeller mon Pere, Ne me refusez pas le secours que j'espere Contre mes jaloux enne=
=mis. Le reproche honteux d'une naissance obscure m'a fait une cruelle in=

Le Soleil.
=jure. Au nom de l'amour paternel imposez à l'envie un silence éternel. L'en=
=vie accuse à tort Climene, vous n'êtes point trompé j'approuveroys s.r peine. Le grand
nom que vous avez pris, Ma tendresse p.r vous ne paroître, Phaëton v.s estes mon
fils et vous êtes dignes de l'être, Quel gage voulez vous du sang qui v.s fit naitre.
Quoy que vous puissiez demander je promets de vous l'accorder.
Violons.

C'est toy que j'en atteste, Fleuve noir et funeste, Que l'éternelle nuit doit cacher
à mes yeux: j'en jure par l'horr: de tes eaux effroyables styx, ô styx, dont le nom attes=
té par les Dieux, Rend l.rs serments inviolables. J'en jure par l'horreur de tes Eaux effroy-
=ables, styx, ô styx, d.t le nom attesté par les Dieux, Rend leurs serments inviola.........bles.

Phaëton.
Tous mes trésors vous sont ouvers, Tout est permis à vôtre noble audace. sur vôtre
char en vôtre place, Permettez moy d'éclairer l'univers, Ah! mon Fils qui osez vous pré-
le Soleil.
Phaëton.
=tendre: si je suis vôtre Fils: puis je trop entreprendre, Malgré mon sang la loy du
le Soleil.
Lentement
sort vous assujettit à la mort; vos desirs vont plus loin que la puissance humaine, c'est
trop pour un mortel de tenter un effort où les forces d'un Dieu ne suffisent qu'à
Phaëton.
peine. La mort ne m'étonne pas Q.d elle me paroit belle, La mort ne metonne

pas Quand elle me paroit belle, Je suis content du trépas, s'il rend ma gloire immortel-
=le . Je suis content du trépas, s'il rend ma gloire immortel - - - - le .
Le Soleil.
J'ay fait un indiscret ser-
=ment. voyez mon triste cœur saisi d'étonnement, De l'amour paternel faut il un autre
gage! Helas! ma crainte en dit assez. Un Dieu tremble pour vous mon Fils reconnois-
Phaëton. lentemt.
sez vôtre Pere à ce temoignage . je dois par un courage incapable d'effroy meri=
=ter les frayeurs que vous avez pour moy
Le Soleil.
Déja la nuit descend et fait place à l'au-

=rore, il faut bientôt faire briller mes feux. Abandonnez un dessein dangereux Evit=
Phaëton.
Air
=tez vôtre perte, il en est temps encore. Mon dessein sera beau dûssay jey sucomber; Quelle
gloire si je lachève! il est beau qu'un mortel jusques aux cieux s'élève, il est beau même d'en tom=
=ber: il est beau qu'un mortel jusques aux cieux s'élève; il est beau même d'en tomber.
Le Soleil
Puisque je lay juré, je dois vous satisfaire. Fortune, s'il se peut, prends soin d'un Témé=
=raire, mon Fils veut se perdre aujourd'huy, Conserve ses jours malgré luy.

Recit.
Ah! Phaëton, est il possible Que vous soyez sensible pour une
B.C. Rondeau
autre que moy! Ah! Phaëton est il possible Que vous m'ayez man-
Fin
qué de foy! Tout m'annonce vn malheur dont je frémis d'effroy! si vous me
Fin
trahissez ma mort est infailli... ble! Nous devions vivre heureux sous
une même loy, Avec ce que l'on aime vn sort doux et pai..........
..sible vaut bien le sort du plus grand Roy. Ah! Phaëton,
Dacapo.

Air avec accompagnement pour un Dessus

n'estes p.t jaloux Chantés Oyseaux Chantés, Que votre sort est
doux. Le seul plaisir vous rend fideles,
Le seul plaisir vous rend fideles, On n'est heureux qu'en aimant comme
vous, Chantés Oyseaux, Chantés Oyseaux Chantés Chantés Oy=

-seaux Chantés,
Que vôtre sort est doux, Chantés
Chantés Oyse.x Chantés,
Que votre sort est doux.
Violons.
ALPHÉE
Recitatif.
Belle Nimphe que vois je! Ô Dieux! elle me fuit! Quoy,
Basse continue.
d'un si tendre amour cette haine est le fruit; C'en est trop; le dépit s'empare de mon
ame, Il faut rompre mes nœuds; il faut vaincre ma flâme, Le sort m'affrede ans ce séjour, du

Fleuve de l'oubli le secoũ favo-rable, Finissons n.re sort deplo-rable, Perdons le souve-
-nir d'un malheureux amour, qui me retient en ce moment funeste, tout l'espoir qui me
Lentement
reste, est d'oubli.er l'ingrat et de ne la plus voir, Que dis-je ! l'oubli - - - en vain transpor.
vain espoir, Ay-je un cœur fait helas ! pour oublier ses charmes, je vivrois sans la
voir ! Ah ! malgré les rigueu.rs qui vo. ont coûté tant de larmes, Mes yeux le jour pour
vo. auroit il des douceurs ! suivo. ses pas, tâcho. d'attendrir la cruelle, si je ne pû toucher son
cœur, m.re desespoir et ma fureur, sçauront me replonger dans la nuit éternel-le.

Recitatif.
Terminéz mes tourments puissant maître du monde, sans vous sans v.re amour hé-
Basse Continue.
las je ne souffri.rois pas. Reduite au desespoir, mourante, vagabonde j'ay porté mon su-
plice en mille affreux Climats. Une horrible furie attachée à mes pas ma suivie au travers du vaste sein de l'onde. Termi-nés mes tourments puissant
maître du monde, voyez de quels maux icy bas votre épouze punit mes malheureux appas; Délivrez moy de ma douleur profonde, ouvrez moy par pitié les

portes du trépas, Terminés mes tourmens puissant maître du monde, sans vous sans vôtre a-
mour helas! je ne souffrirois pas, C'est Jupiter qui m'aime eh! qui le pourroit
croire, je ne suis plus dans sa memoire, il n'entend pas mes cris, il ne voit pas mes
pleurs, apres m'avoir livrée aux plus cruels malheurs, il est tranquille au
comble de sa gloire, il m'abandonne, il m'abandonne au milieu des douleurs, à la
fin je succombe à la fin je succombe, heureuse heureuse si je meurs.

MUSIQUE ITALIENNE.

Arietta à Due Soprani.

Aria.
Spirituoso.
piano.
Basso Continuo.
forte.
p.o
Digli chio son fedele chio
son fedele Digli chèl mio tesoro chèl mio tesoro che mami chio la-
doro che non disperi disperi ancor,
Diglichio son fedele chio son fe-
dele Digliche non disperi Diglichel mio tesoro che ma - - - - - - - - - - - -

p.
mi ancor Digli ch'io son fedele Digli-
ch'el mio tesoro Digli che non disperi che m'ami ch'io l'adoro l'a=
=do-ro Digli ch'io son fedele che m'ami ancor digli ch'el mio teso-ro che
m'ami ancor digli che non disperi disperi ancor.
po.
fe

Digli che la mia stella spe--ro placar col pianto chelo conso l'intanto l'i-
-magine di quella che vive vive in me che vive vive in me. Dacapo.
Dacapo.
Dacapo.
Dacapo.
ARIA
Venite o contenti venite o contenti brilla.......te mi
Basso continuo.
brilla.................te mi brillatemi insen bril-
-latemi insen, venite o contenti contenti venite venite o contenti contenti ve-

nite brilla - - - - - - - - - - - - - - - - - te mi bril late mi in
sen, venite o contenti, contenti venite, venite o contenti, contenti venite, bril=
Fine.
=late mi in sen brillate mi in sen. Non più doglia ne tormenti che fra tempeste
Fine.
turbini che fra tempeste turbini ritro - - - - - - - voi bel seren ri=
=tro voi bel seren ritro - - - - - - - - - - - - - voi bel seren
Da Capo
ARIA
A DUE
Canto è Basso
Fra le tenebre del duolo scintillar veggio la spe - - -
Basso continuo
- - - me scintillar veggio la spe - me, scintillar

Veggio laspe - - - - - - - - me Veggio la spe - - - - - - - - me
Non è sempreirato il
polo sempreìn mar l'onda nonfre - - - - - - - - - - me l'ondanonfre - - - - - -
- - - - - - - - - - - - me,
Fra le tenebre del duo
Fra le tenebre del duolo, seintillar
- lo seintillar seintillar veggio la spe - - - - - me.
seintillar veg - - gio la spemelaspe - - - - - - me, seintil-
seintillar veggio la spe - - - - - - - - - me seintillar seintillar
- lar veggio la spe - - - - - - - - - - - - - - - - - - - me, seintillar seintil-
seintillar veg - - gio la spe - - - - me, veggio la spe - - - - - me.
- lar veg gio la speme la spe - - - - - - - - mela spe - - - - - - - - me.

Aria Agitata Dal Furore

Violino primo.

Violino Secondo.

Violla.

Basso continuo.

Piano.

Agi-tata dal furo-re nona=

Piano.

pace questo co - - - - re spo- so, amato ah doue sei ah dove sei in fe=
=lice io tiper Dei io tiper dei Empia sorte, Empia sorte per pietachie do vna
morte che dia fine al mio penar almio penar al=

mio penar al mio penar al mio penar
Agita ta
dal furo - - - re non a pace questo co - - - re sposo amato, ah dove sei ah, ah,

dove sei. dove sei in feli-ce, io ti per-dei io ti perdei Empia sorte.
Empia sorte per pietà chi e dovna morte che dia pace al mio penar almio penar per pietà chi e dovna morte che dia fine al mio penar

Al mio penar, al mio penar, al mi o penar,
p.
In tormento si crudele Vn amante un cuor fe-de-le solo morte

Mes principes jusqu'icy doivent être suffisants pour que l'Ecolier soit en état de commencer a chanter dans les Cantates comme celles de Campra, Clerambault, Bernier, Batistin, Destouches et plusieurs autres dont la reputation n'est pas si connüe, et qui cependant n'ont pas laissé d'en donner aussi de fort belles, a l'egard du Latin, les motets de Campra sont excelents, pour ce qui s'appelle une Musique fort coulante et majestueuse, Ceux de Bernier sont infiniment plus difficiles, et par consequent il y a plus a profiter pour ce qui regarde d'affranchir les difficultez; Ceux de Lalande sont admirables pour le gout du chant, il est bon sur tout qu'un Ecolier voye son Miserere a voix seule, a l'Egard des operas, les morceaux les plus recherches et par consequent les plus beaux, sont dans ceux de Lully, Campra, Destouches, Mouret, et Ramaux pour l'armonie et la difficulté de l'execution, et plusieurs enfin dont les noms sont connus ou l'on peut trouver d'excelents morceaux dans le contenüe de leurs opera, j'ose dire qu'on ne sçauroit être grand Musicien pour l'execution qu'apres une grande pratique, car il est vray de dire que personne ne peut se flater de sçavoir la Musique a fond pour ce qui regarde l'execution, a l'égard de la théorie, on y arrive beaucoup plus facilement, il est bon cependant d'en rester au point de s'en faire un amusement, car cette grande étude pour parvenir à ce fond de science n'apartient qu'aux personnes qui en font leur unique occupation; sans quoi la peine passeroit le plaisir.

Fin du Troisieme Livre.

Privilege General.

Louis par la grace de Dieu Roi de france et de Navarre, a nos ames et feaux Conseillers les Gens tenant nos Cours de parlement, Maîtres des requestes, ordinaires de notre hotel, Grand Conseil, Prevôt de Paris, Baillifs Senechaux, leurs lieutenans Civils et autres, nos justiciers qu'il appartiendra, Salut: notre bien amé Le Sieur Jacques Alexandre de la Chapelle, Maître de Musique, Nous ayant fait remontrer qu'il souhaitteroit faire Imprimer, et Graver et donner au public Les vrais principes de la Musique Exposez par une gradation de leçons distribué d'une maniere facile et sur pour arriver a une connoissance parfaite et pratique de cette Art, de sa composition, s'il nous plaisoit luy accorder nos Lettres de Privilege sur ce necessaires a Ces Causes voulant traitter favorablement le dit sieur exposant, Nous luy avons permis et permettons par ces presentes de faire imprimer, et graver ces dits ouvrages conjointement ou separement, et autant de fois que bon luy semblera, et de les vendre, faire vendre et debiter par tout notre Royaume pendant le tems de six années consecutives a compter du jour de la datte des dites presentes, faisons déffenses a toutes sortes de personnes de quelque qualité et condition qu'elles soient d'en introduire d'impression ou graveure etrangere dans aucun lieu de notre obeissance, comme aussi a tous graveurs imprimeurs marchands libraires imprimeurs en taille douce et autres d'imprimer, faire imprimer, graver ou faire graver, vendre faire vendre, débiter ni contre faire les dits ouvrages cy dessus Exposez en tout ni en partie ni d'en faire aucuns extraits, sous quelque pretexte que ce soit, d'augmentation, correction, chagement de Titre, même en feuilles separées ou autrement sans la permission exprsse et par ecrit dudit sieur exposant ou de ceux qui auront droit de luy, a peine de confiscation des Exemplaire contrefaits, de trois mille livres d'amande, contre chacun des contrevenants dont un tiers a nous, un tiers a l'hôtel Dieu de paris, l'autre tiers audit sieur exposant, et de tous d'epens, dommages et interrets, a la charge que ces presentes seront en registrées tout au long sur le registre de la Communauté des libraires et imprimeurs de Paris, dans trois mois de la datte d'icelles, que limpression ou graveure dudit ouvrage cy dessus speciffiées sera faite dans notre Royaume et non ailleurs, en bon papier et beaux carraetere conformement aux Reglement de la librairie et qu'avant que de l'exposer en vante graveZ ou imprimé sera remis en mains de notre tres cher et feal chevalier Garde des sceaux de france le Sieur Chauvelin et qu'il en sera ensuite remis deux Exemplaires dans notre Biliotheque publique, un dans celle de notre Chateau du louvre, et un dans celle de notre dit tres cher et feal Chevalier Garde des sceaux de france le sieur Chauvelin, le tout a peine de nullité des presentes du contenue des quelles Vous Mandõs et enjoignons de faire jouir le dit sieur Exposant ou ses ayans causes plenement et pesiblement sans souffrir qu'il leur soit fait aucun trouble ou empechement. Voulons que la copie des dites presentes qui sera imprimée, ou gravée tout au long au commencement ou a la fin du dit ouvrage, soit tenue pour duement signiffiée, et qu'aux copies Collationnées par l'un de nos amez et feaux Conseiellers et secretaire, foi soit ajoutées comme a l'original. Commandons au premier notre huisier ou sergent de faire pour l'execution d'icelles tous actes requis et necessaires, sans demander autre permission et nobstant clameur de haro, chartre Normande et lettres a ce contraire: Car tel est notre plaisir donne a Compiegnes le vint septieme jour du mois de juillet l'an de grace mil sept cent trente six, et de notre Regne le Vint troisieme.

Par le Roy en son Conseil, Sainson.

Registré sur le registre de la Chambre Royale et sindicale de la libraire. et imprimerie de paris N.° 329. folio 289 Conformement aux reglement de 1723. qui fait deffences article 4. a touttes personnes de quelque qualité quelles soient autres que les libraires et imprimeurs de vendre debiter et faire afficher aucuns livres pour les vendres en leurs noms soit quils sendisent les auteurs ou autrement et a la charge de fournir les huit Exemplaires prescrits par l'article 108. du même reglement a paris le 12. aoust 1736 Signé Guillaume Martin sindic.

Les exemplaire ont été fournis

www.ingramcontent.com/pod-product-compliance
Ingram Content Group UK Ltd.
Pitfield, Milton Keynes, MK11 3LW, UK
UKHW020936180726
13838UKWH00002B/985